DE VIZÉ

ORAISON FUNÈBRE DE MOLIÈRE

PARIS
Nouvelle Collection Moliéresque
M DCCC LXXIX

NOUVELLE COLLECTION MOLIÉRESQUE

I

ORAISON

FUNÈBRE

DE MOLIÈRE

TIRAGE

300 exemplaires	sur papier vergé	(Nos 41 à 340).
20	—	sur papier de Chine (Nos 1 à 20).
20	—	sur papier Whatman (Nos 21 à 40).

340 exemplaires, numérotés.

No

ORAISON

FUNÈBRE

DE MOLIÈRE

PAR LE SIEUR DE VIZÉ

(Extrait du MERCURE GALANT de 1673)

Suivie d'un Recueil d'Épitaphes et d'Épigrammes

AVEC UNE NOTICE

PAR

LE BIBLIOPHILE JACOB

PARIS

LIBRAIRIE DES BIBLIOPHILES

Rue Saint-Honoré, 338

M DCCC LXXIX

PRÉFACE DE L'ÉDITEUR

MOLIÈRE, *qui s'était trouvé mal en vomissant une gorgée de sang à la fin de la quatrième représentation du* MALADE IMAGINAIRE, *fut rapporté chez lui presque sans connaissance et mourut étouffé par l'hémorrhagie dans la soirée du vendredi 7 février* 1673. *Cette mort foudroyante, et surtout les tristes circonstances qui accompagnèrent son inhumation dans le cimetière de Saint-Joseph, avaient vivement ému et agité l'opinion publique. Amis et ennemis formaient deux camps rivaux, dans lesquels on attaquait ou l'on défendait la mémoire de l'illustre défunt. On vit alors se produire de toutes parts, à Paris et en province, une foule d'épitaphes louangeuses ou injurieuses, qui étaient l'expression contradictoire de l'amitié et de la haine, de l'admiration et du dédain, de la douleur et de la satisfaction, car certaines gens, aveuglés et abusés, regardaient la mort de l'auteur du* TARTUFFE *comme un effet éclatant de la justice divine. Il est bon de remarquer que les épigrammes et les épitaphes dictées par l'envie, la calomnie et la vengeance restèrent anonymes la plupart et n'ont été avouées par personne. Au contraire, les pièces de vers qui n'exprimaient que des regrets véritables et des sentiments d'affection sincère furent attribuées à des hommes honorables et à de bons poëtes qui auraient pu les signer.*

A part ces épitaphes dont on fit des impressions isolées et qui ne furent réunies que plus tard dans un recueil imprimé clandestinement, il n'existe qu'un seul écrit contemporain sur la mort de Molière : c'est une Conversation dans une ruelle au sujet de cette mort, qui était l'entretien de toutes les assemblées de la belle compagnie; elle est suivie de l'Oraison funèbre du grand comédien, prononcée par un bel esprit, nommé Cléante, dans la ruelle où l'on s'entretenait de l'événement du jour. Ces deux morceaux en prose, au milieu desquels sont intercalées onze épitaphes de Molière, parurent, peu de temps après son décès, dans le Mercure galant (tome IV, pages 262 et suiv. Paris, Cl. Barbin, 1673, in-12), *dont Jean Donneau de Vizé avait obtenu le privilége l'année précédente, et qu'il rédigeait ou faisait rédiger sous son nom. La Conversation et l'Oraison funèbre, publiées par le sieur de Vizé, offrent donc d'autant plus d'intérêt qu'on peut y voir un reflet fidèle des sentiments et des opinions de la société polie à l'égard de Molière et de son théâtre.*

Jean Donneau de Vizé, né à Paris en 1640, *avait débuté de bonne heure dans la carrière des lettres, où il chercha d'abord à prendre position en se rendant redoutable par la satire. Il n'avait pas vingt-trois ans qu'il s'était déjà attaqué à Molière et à Pierre Corneille en critiquant la tragédie de* Sertorius *et la comédie de* l'École des Femmes. *Sa critique, fine et mordante, frappait assez juste pour que ceux qui en avaient souffert s'efforçassent de le gagner à leur cause. De Vizé composait des pièces de théâtre en prose et en vers : Mo-*

lière n'eut pas de peine à se faire de lui un partisan et un allié, sinon un ami, en lui proposant de jouer ses pièces sur le théâtre du Palais-Royal. De Vizé, qui sans doute avait peu de conscience littéraire et qui ne songeait qu'à faire son chemin à tout prix dans la littérature dramatique, n'hésita pas à se démentir lui-même en devenant subitement l'apologiste des ouvrages de Corneille et de Molière. Ce dernier lui pardonna ou feignit de lui pardonner une sorte de biographie malveillante du chef de la troupe du Petit-Bourbon et du Palais-Royal, qui se trouvait cachée, pour ainsi dire, dans LES NOUVELLES NOUVELLES (Paris, Gabriel Quinet, 1663, 3 vol. in-12, tome III, pages 217 et suiv.), *ainsi que toutes les malices qui étaient déposées à son adresse dans la comédie de* ZELINDE (Paris, Guill. de Luyne, 1663, in-12), *que les acteurs de l'Hôtel de Bourgogne n'avaient pas voulu représenter. Il s'empressa, lui, de faire représenter* LA MÈRE COQUETTE, *comédie en cinq actes, que Donneau de Vizé, disait-on, avait copiée effrontément d'après la comédie de Quinault, qu'on représentait alors simultanément sous le même titre. Molière avait jugé que de Vizé serait pour lui une excellente trompette de publicité, et il se fit de cet ennemi rallié le plus utile instrument de ses succès à la cour et à la ville.*

Donneau de Vizé n'était pas le premier venu : sa famille devait lui faire des appuis considérables dans le monde des courtisans; son rôle et son talent de critique, de prôneur, de gazetier (car il correspondait secrètement avec les gazettes de Hollande), lui donnaient beaucoup de crédit et d'autorité parmi les gens de lettres, qui le craignaient. Maupoint, dans la Bibliothèque des Théatres (Paris, Prault, 1733, in-8), *nous apprend que de Vizé était frère de l'évêque titulaire d'Éphèse et d'un capitaine des gardes du corps du Roi, tous deux cousins germains du brave Gaspard de Vizé, lieutenant des mêmes gardes du corps, et depuis maître d'hôtel de la Reine. Il est possible que Donneau de Vizé ait rendu des services réels à Molière, qui ne manqua pas de les payer, non-seulement en jouant les pièces de ce jeune auteur, mais encore en corrigeant ces pièces et peut-être en y apportant le concours de sa collaboration, car de Vizé eut toujours des collaborateurs pour ses pièces de théâtre, et ces collaborateurs furent Champmeslé, La Fontaine, Thomas Corneille et d'autres poëtes distingués. Il ne faut donc pas s'étonner que Molière ait passé pour le principal auteur de* LA VEUVE A LA MODE, *jouée avec beaucoup de succès en* 1667, *et que de Vizé persistait à s'attribuer. Cette charmante comédie en vers fut imprimée, en* 1668, *chez Jean Ribou, le libraire attitré de Molière, et le libraire Nicolas Pepingué se permit d'en faire aussitôt une seconde édition ou une contrefaçon, dans laquelle on lisait à la dernière page :* FIN DE LA VEUFVE A LA MODE, COMÉDIE DE M. MOLIÈRE.

Quoi qu'il en soit, Molière pouvait à bon droit se montrer reconnaissant, puisque de Vizé avait écrit sous sa dictée une Lettre anonyme au sujet de la comédie du MISANTHROPE, *lettre dont il assuma la responsabilité absolue et qui fut imprimée en tête de cette comédie avec le consentement tacite de Molière. Ce dernier témoigna sa reconnaissance à son prête-nom en faisant représenter, après* LA VEUVE A LA MODE, *une autre comédie non moins digne d'attention, cette intéressante* DELIE, *que de Vizé prétendait avoir composée avec La Fontaine, et dont Champmeslé ne revendiqua pas moins la paternité exclusive. De Vizé s'était dégoûté du théâtre, et il aspirait seulement à faire paraître en France une gazette dans le genre de celles qui paraissaient en Hollande et qui n'étaient rédigées que par des écrivains français. Ce ne fut pas sans peine que de Vizé obtint enfin un privilége du roi, malgré les protestations et les réclamations des propriétaires de la* GAZETTE, *qui voyaient dans la publication du* MERCURE GALANT *une concurrence dangereuse pour leur journal. Il est permis de supposer que Molière n'avait pas peu contribué à l'obtention de ce privilége, et de Vizé, dès le début de son* MERCURE GALANT, *prouva qu'il était l'obligé de Molière en rendant compte de la mémorable représentation des* FEMMES SAVANTES, *laquelle avait eu lieu le* 11 *mars* 1672, *et en accordant à cette comédie les éloges les plus sympathiques. Sa gratitude survécut encore à son généreux protecteur, et sa voix est peut-être la seule qui se soit élevée alors pour rendre hommage ouvertement à la mémoire de Molière. Faut-il attribuer à cet acte de courage et de dévouement la suppression momentanée du* MERCURE

GALANT *dans le cours de l'année suivante, quoique d'Assoucy, qui avait mis en vente* L'OMBRE DE MOLIÈRE, *ne fût plus inquiété pour cette apothéose en vers, qui lui valut un mois de prison et la menace d'un procès criminel?*

La publication faite par de Vizé dans le MERCURE GALANT *de 1673 doit surtout à sa date l'importance et l'intérêt qu'il faut lui reconnaître. Cette pièce renferme un panégyrique complet de l'auteur et du comédien que la France venait de perdre dans la personne de Molière. On y remarque surtout quelques passages qui sont des documents nouveaux pour l'histoire de Molière : « Tout estoit comédien en luy, depuis les pieds jusqu'à la teste... Il feroit joüer jusqu'à des fagots », suivant sa propre expression. « S'il avoit eu le temps d'estre malade, il ne seroit pas mort sans médecin : il n'estoit pas convaincu luy-mesme de tout ce qu'il disoit contre les médecins... Molière, ce mesme Molière, pendant une oppression, s'est fait saigner jusqu'à quatre fois par jour. » De Vizé constate que Molière fut réellement l'inventeur de l'opéra, que Lully s'était approprié : « Il a le premier inventé la manière de mesler des scènes en musique et des ballets dans les comédies, et il avoit trouvé par là un nouveau secret de plaire, qui avoit esté jusqu'alors inconnu et qui a donné lieu en France à ces fameux opéras qui font aujourd'huy tant de bruit, et dont la magnificence des spectacles n'empesche pas qu'on ne le regrette tous les jours.* »

Le passage le plus curieux est celui qui concerne les armoiries de Molière. La salle où allait être prononcée l'Oraison funèbre était « *toute tendue de deuil et remplie d'écussons aux armes du défunt* ». *Plus loin, Cléante nous indique quelles étaient ces armes :* « *Vous les voyez, Messieurs, ces armes parlantes, qui font connoistre ce que nostre illustre auteur sçavoit faire. Ces* MIROIRS *montrent qu'il voyoit tout ; ces* SINGES, *qu'il contrefaisoit bien tout ce qu'il voyoit ; et ces* MASQUES, *qu'il a bien démasqué des gens ou plutôt des vices qui se cachoient sous de faux masques.* » *L'écusson de Molière, dont nous ignorons les couleurs, était chargé de trois miroirs ; il avait pour support deux singes, et pour couronne un masque de théâtre. C'est ce même écusson que l'intendant de Rochefort, Begon, fit graver au-dessous du portrait de Molière, dans le recueil des* HOMMES ILLUSTRES *de Charles Perrault. Un sieur Collinet écrivait, en* 1705, *à Cabart de Villermont, secrétaire et agent de Begon : « La remarque curieuse que vous faites, par vostre lettre à M. Begon, des masques que feu M. de Molière avoit fait graver sur son service de vaisselle d'argent, a charmé nostre illustre magistrat, et auroit fort embelli la nouvelle Vie que nous avons eue de cet auteur célèbre. »* (A. JAL, DICTIONNAIRE CRITIQUE DE BIOGRAPHIE ET D'HISTOIRE, 2e édit., 1872, page 175.) *Nous avons vu, dans un inventaire, la description de quelques cuillers d'argent qui avaient fait partie de la vaisselle de Molière, et sur lesquelles étaient gravés ces masques que le grand comédien avait choisis pour emblèmes.*

Les onze épitaphes que le MERCURE GALANT *a recueillies ne forment que la moindre partie de celles qui se multiplièrent de tous côtés après la mort de Molière. Bayle écrivait à son ami Minutoli, le* 2 *mai* 1673 : *« Je vous prie de m'envoyer les vers que vous aurez sur la mort de Molière et sur les conquêtes du Roi, soit en françois, soit en latin. »* (ŒUVRES DE BAYLE, tome IV, p. 546.) *Nous n'avons pas remis la main sur une des éditions clandestines du Recueil de ces épitaphes; mais on les trouve la plupart dans le volume intitulé* Voyage en Provence de Chapelle et de Bachaumont (Utrecht, François Galma, 1697, in-12). *Nous avons rassemblé, à la suite de l'*Oraison funèbre de Molière, *toutes les épitaphes que de Vizé avait négligées ou n'avait pas connues. Quelques-unes de ces épitaphes sont sans doute inédites, car nous les avons prises dans les manuscrits de Trallage. Quant aux pièces de vers plus étendues relatives au même sujet, elles viendront se placer naturellement à la suite de* l'Ombre de Molière, *par Coypeau d'Assoucy, l'ancien commensal de la troupe de Molière et des Béjart à Pezénas et à Montpellier.*

P. L. Jacob, bibliophile.

ORAISON

FUNEBRE

DE MOLIERE

TOUTE la compagnie se preparoit à parler d'autre chose, lorsqu'un homme qui avoit accoustumé de venir dans cette ruelle parla de la mort de Moliere, dont on s'estoit déjà entretenu quelques jours auparavant.

Il estoit illustre de plusieurs manieres, et sa réputation peut égaler celle du fameux Roscius, ce grand comedien si renommé dans l'antiquité, et qui mérita du prince des orateurs cette belle harangue qu'il récita dans le sénat pour ses intérests. Le regret que le plus grand des roys à fait paroistre de sa mort est une marque incontestable de son mérite. Il avoit trouvé l'art de faire voir les defauts de tout le monde sans qu'on s'en pût offenser, et les peignoit au naturel dans les comédies qu'il composoit encor avec plus de succez qu'il ne les récitoit, quoy qu'il excelât dans l'un et dans l'autre. C'est luy qui a remis le comique dans son premier éclat, et depuis Térence personne n'avoit pû legitimement prétendre à cet avantage. Il a le premier inventé la maniere de mêler des scenes de musique et des balets dans les comédies, et il avoit trouvé par là un nouveau secret de plaire qui avoit esté jusqu'alors inconnu, et qui a donné lieu en France à ces fameux opéras qui font aujourd'huy tant de bruit, et dont la magnificence des spectacles n'empesche pas qu'on ne le regrette tous les jours.

J'eus à peine achevé de parler du mérite de cet autheur, qu'une personne de la compagnie tira quelques pieces de vers qui regardoient cet illustre defunt. Plusieurs en lûrent haut, et les autres bas. Voicy ce qui fut entendu de toute la compagnie.

PIECE DE VERS

SUR

LA MORT DE MOLIERE

Si dans son art c'est être un ouvrier parfait
Que sçavoir trait pour trait
Imiter la nature,
Moliere doit passer pour tel :
Michel-Ange, Le Brun et toute la peinture
Comme luy n'ont sceu faire un mort au naturel.

AUTRE

Cy gît un grand acteur que l'on dit estre mort.
Je ne sçay s'il l'est, ou s'il dort.
Sa maladie imaginaire
Ne sçauroit l'avoir fait mourir ;
C'est un tour qu'il fait à plaisir,
Car il aimoit à contrefaire.
Quoy qu'il en soit, cy gît Moliere.
Comme il estoit comedien,
S'il fait le mort, il le fait bien.

AUTRE

Cy gît le Térence françois,
Qui mérita pendant sa vie
De divertir, malgré l'envie,
Le plus sage de tous les rois.
Il a poussé l'esprit comique
Jusques au dernier de ses jours;
La mort en arrestant le cours,
Il a fini par le tragique.

AUTRE

Cy gît qui parut sur la scene
Le singe de la vie humaine,
Qui n'aura jamais son égal,
Qui, voulant de la mort ainsi que de la vie
Estre l'imitateur dans une comédie,
Pour trop bien réussir, y réussit fort mal:
Car la Mort, en estant ravie,
Trouva si belle la copie
Qu'elle en fit un original.

AUTRE

Cy gît sous cette froide biere
Le fameux comique Moliere.

Je ne sçay pas bien s'il y dort :
Celuy qui sceut tout contrefaire
Y pourroit bien encor contrefaire le mort.

AUTRE

Celuy qui gît dans ce tombeau,
Passant, c'est le fameux Moliere,
De qui l'esprit estoit si beau
Que rien ne faisoit peine à sa vive lumiere.
Regrete son trépas si tu chéris les vers,
Car il charmoit les sens sur tous sujets divers ;
Mais la cruelle Parque, en nous faisant injure,
S'accordant avecque la Mort,
L'a laissé dans la sépulture
Où cet acteur faisoit le mort.

AUTRE

Sous ce tombeau gisent Plaute et Térence,
Et cependant le seul Moliere y gît :
Leurs trois talens ne formoient qu'un esprit,
Dont le bel art divertissoit la France.
Ils sont partis, et j'ay peu d'esperance
De les revoir, malgré tous nos éforts.
Pour un long temps, selon toute apparence,
Térence, et Plaute, et Moliere, sont morts.

AUTRE

« C'est donc là le pauvre Moliere,
Qu'on porte dans le cimetiere? »
En le voyant passer, dirent quelques voisins.
« Non, non, dit un apothicaire,
Ce n'est qu'un mort imaginaire
Qui se raille des médecins. »

AUTRE

Pluton, voulant donner aux gens de l'autre vie
Le plaisir de la comédie,
Ayant pour faire un choix longtemps déliberé,
Ne trouva rien plus à son gré
Que le Malade imaginaire.
Mais, comme par malheur il manquoit un acteur,
L'un d'entre eux dit tout haut qu'on ne pouvoit mieux faire
Que d'envoyer quérir l'autheur.

AUTRE

Moliere à chacun a fait voir
L'inutilité du sçavoir
De ceux qui font la medecine,
Et, pour accomplir son dessein
Et nous mieux prouver sa doctrine,
Il meurt dés qu'il est médecin.

Ces vers donnerent occasion de parler de la médecine. Quelques-uns se déclarerent contre, et plusieurs prirent son party. Un de ceux qui la défendirent avec le plus de chaleur tint ce discours en parlant de Moliere :

« S'il avoit eu le temps d'estre malade, il ne seroit pas mort sans medecin. Il n'estoit pas convaincu luy-mesme de tout ce qu'il disoit contre les medecins, et, pour en avoir fait rire ses auditeurs, il ne les a pas persuadez. Je demeure d'accord avec luy que la plus grande partie de la medecine consiste dans l'ordonnance des lavemens, saignées et purgations ; mais il faut les sçavoir ordonner à propos, et sçavoir, selon les maladies qu'on a à guérir, ce qu'il faut mettre dans le premier et le dernier de ces remedes. On en peut faire de cent manieres differentes ; mais pour cela il faut connoistre les simples et sçavoir leurs vertus. Non, non, le monde ne peut croire ce que cet autheur a dit des medecins. Il est constant qu'il y a des remedes ; les bestes en trouvent et se guérissent ellesmêmes : hé! pourquoy, puisque les hommes ont bien connu les herbes qui empoisonnent, ne connoistroient-ils pas celles qui ont la vertu de les guérir ? Rien n'est si commun que les salutaires effets des ordonnances des medecins. On connoist ceux des médecines et des lavemens par la bile et par les impuretez qu'elles font évacüer. On sçait combien la saignée est nécessaire à un malade quand il est oppressé ; et Moliere, ce même Molière, pendant une oppression, s'est fait saigner jusques à quatre fois pour un jour. »

Plusieurs eurent de la peine à le croire, et, chacun ne s'accordant pas sur le chapitre de la médecine, on parla des ouvrages du défunt, qu'un défenseur de la médecine voulut traiter de bagatelles. « Je sçay bien, repartit un autre qui n'estoit pas de son sentiment, que Moliere a mis des bagatelles au théâtre; mais elles sont tournées d'une maniere si agreable, elles sont placées avec tant d'art et sont si naturellement dépeintes, qu'on ne doit point s'étonner des applaudissemens qu'on leur donne. Pour mériter le nom de peintre fameux, il n'est pas nécessaire de peindre toûjours de grands palais et de n'employer son pinceau qu'aux portraits des monarques : une cabane bien touchée est quelquefois plus estimée de la main d'un habile homme qu'un palais de marbre de celle d'un ignorant, et le portrait d'un roy, qui n'est recommandable que par le nom de la personne qu'il représente, est moins admiré que celuy d'un païsan, lorsqu'il n'y manque rien de tout ce qui le peut faire regarder comme un bel ouvrage. » La conversation alloit s'échauffer, lorsqu'on vint dire à la maistresse du logis que Cléante estoit prest et qu'elle pouvoit passer dans la salle avec toute la compagnie. Comme chacun se levoit sans sçavoir pourquoy on changeoit de lieu : « Il faut, dit la maistresse du logis en arrestant tout le monde, que je vous avertisse d'une chose qui vous surprendra fort. Cléante m'estant venu voir le lendemain que Moliere mourut, nous témoignâmes le regret que nous avions de sa perte. Il dit qu'il avoit envie de faire son oraison funebre. Je me moquay de luy. Il me dit qu'il la feroit, et qu'il la réciteroit mesme devant ceux que je voudrois. J'en demeuray d'accord, et luy dis que j'avois fait faire une chaise parce que Moliere devoit venir joüer *le Malade imaginaire* chez moy, et qu'elle luy serviroit. Il m'a tenu parole, et nous allons voir s'il s'acquitera bien de ce qu'il m'a promis. » Comme Cléante estoit un homme fort enjoüé et qui divertissoit fort les compagnies où il estoit, ils passèrent tous avec empressement dans la salle où on les attendoit. Elle estoit toute tenduë de deüil et remplie d'ecussons aux armes du défunt. Cléante n'eust pas plutost appris que toute la compagnie avoit pris place, qu'ayant pris une robe noire, il monta en chaise avec un serieux qui fit rire toute l'assemblée. Il commença de la sorte.

ORAISON FUNEBRE
DE MOLIERE

Ma *femme est morte, je la pleure ; si elle vivoit, nous nous querellerions.* Acte premier de *l'Amour Médecin,* de l'autheur dont nous pleurons aujourd'huy la perte.

Quoyqu'il semble que ces paroles ne conviennent pas au sujet qui m'a fait monter dans cette chaise, il faut pourtant qu'elles y servent ; je sçauray les y accommoder, et je suivray en cela l'exemple de bien d'autres. Répetons-les donc encor une fois, ces paroles, pour les appliquer au sujet que nous traitons : *Ma femme est morte, je la pleure ; si elle vivoit, nous nous querellerions.* Moliere est mort, plusieurs le pleurent, et, s'il vivoit, ils luy porteroient envie. Il est mort, ce grand réformateur de tout le genre humain, ce peintre des mœurs, cet introducteur des Plaisirs, des Ris et des Jeux, ce frondeur des vices, ce redoutable fléau de tous les Turlupins ; et, pour tout renfermer en un seul mot, ce Mome de la terre, qui en a si souvent diverty les dieux. Je ne puis songer à ce trépas sans faire éclater mes sanglots. Je voy bien toutefois que vous attendez autre chose de moy que des soupirs et des larmes ; mais le moyen de s'empescher d'en répandre un torrent ? Que dis-je, un torrent ? ce n'est pas assez, il en faut verser un fleuve. Que dis-je, un fleuve ? ce seroit trop peu, et nos larmes devroient produire une autre mer. Non, Messieurs, il n'est pas besoin du secours de l'art pour vous faire voir ce que vous perdez ; la douleur est plus éloquente, plus éloquente, plus éloquente, enfin... plus éloquente... Vous entendez bien ce que cela veut dire, et cela suffit. Il faut passer à la division des parties de cet éloge, dont le pauvre défunt ne me remercïera pas ; mais, avant d'entrer dans cette division, faisons une pose utile à nos santez, toussons, crachons et nous mouchons harmonieusement. Il faut quelquefois reprendre haleine ; c'est ce qui nous fait vivre.

La musique a, dit-on, quatre parties ; mon discours n'en aura pas moins. Moliere autheur et Moliere acteur en feront tout le sujet. Ce ne sont que deux points, me direz-vous. Vous avez raison ; mais on en peut facilement faire quatre, et voicy comment. Moliere autheur fera deux points, c'est-à-dire que je parleray dans le premier de la beauté de ses ouvrages, et dans le second des bons effets qu'ils ont produits en corrigeant tous les impertinens du royaume. Moliere acteur me fournira aussi la matiere de deux points, et je feray voir que non-seulement il joüoit bien la comédie, mais encor qu'il sçavoit bien la faire joüer. Voilà, si je compte bien, mes quatre points tout trouvez. Si je les traite bien, vous ne me trouverez pas trop long; mais, si je vous ennuye, ce sera trop de la moitié. Passons donc au premier et parlons de la beauté des ouvrages du défunt. Je ne croy pas qu'il soit nécessaire de vous en entretenir long-temps : peu de gens en doutent, et ceux qui n'en sont pas persuadez ne méritent pas d'estre desabusez. En effet, Messieurs, si l'art qui approche le plus de la nature est le plus estimé, ne devons-nous pas admirer les ouvrages du défunt? Les figures les plus animées des tableaux de nos plus grands peintres ne sont que des peintures muettes, si nous les comparons à celles des ouvrages de l'autheur dont j'ay entrepris aujourd'huy le panégyrique. Quelle fécondité de génie sur toutes sortes de matieres! Que n'en tiroit-il point? vous l'avez veu, et vous sçavez qu'il estoit inépuisable sur le chapitre des médecins et des cocus. Mais passons outre et ne r'ouvrons point les playes de ces messieurs. Finissons donc ce point en disant que le défunt n'estoit pas seulement un habile poéte, mais encor un grand philosophe. Philosophe! me direz-vous, philosophe! Un philosophe doit-il chercher à faire rire? Démocrite en estoit un, chacun le sçait, et cependant il rioit toûjours. C'estoit trop, il faut quelquefois pleurer. Pleurons donc, puis que c'est aujourd'huy un jour de pleurs. Pleurons tous, pleurons, remplissons nos mouchoirs de larmes. Pendant que vos pleurs couleront, je vais essuyer les miennes, et par ce moyen reprendre haleine pour commencer mon second point.

Je vous ay promis, Messieurs, de vous faire voir, dans le second point de cet éloge funèbre, de quelle utilité les ouvrages du défunt ont esté au public; mais, avant de vous le prouver, il est à propos de parler de tous ceux contre lesquels il a écrit. Il a joué les jeunes, les vieux, les sains, les malades, les cocus, les jaloux, les marquis, les villageois, les hipocrites, les imposteurs, les campagnards, les prétieuses, les facheux, les avocats, les ignorans, les procureurs, les misantropes, les medecins, les apotiquaires, les chirurgiens, les avares, les bourgeois qui affectent d'estre de qualité, les philosophes, les autheurs, les provinciaux, les faux braves, les grands diseurs de riens, les gens qui n'aiment qu'à contredire, les coquettes, les joüeurs, les donneurs d'avis, les uzuriers, les sergens, les archers, et tous les impertinens enfin de tout sexe, de tout âge et de toute condition. Que tous ces noms m'ont altéré ! Je n'en puis plus, et, si je ne buvois à vostre santé, je ne pourrois pas achever ce que j'ay entrepris.

Je puis présentement continuer, et je sens que je me porte assez bien. Disons donc que tous ceux que nostre autheur a joüez luy ont obligation. En faisant voir des portraits de l'avarice, il a fait honte aux avares et leur a inspiré de la libéralité. En rendant ridicules ceux qui renchérissoient sur les modes, il les a rendus plus sages ! Ah ! combien de cocus a-t-il empeschez de prendre leurs gants et leur manteau en voyant entrer chez eux les galants de leurs femmes ! combien a-t-il fait changer de langage prétieux, aboly de turlupinades ! combien a-t-il redressé de marquis à gros dos ! combien a-t-il épargné de sang à toute la France en faisant voir l'inutilité des fréquentes saignées ! combien de médecines ameres a-t-il empesché de prendre ! et combien aussi a-t-il guéry de foux ! Quoyque tous ceux que je viens de nommer ayent obligation au défunt chacun en particulier, toute la France luy est obligée en général de l'avoir tant fait rire. Le rire, Messieurs, est une chose merveilleuse et dont l'utilité est d'une utilité... Vous l'allez voir par mon raisonnement : Le rire délasse ceux qui travaillent du corps, il réjoüit l'esprit des gens de lettres, et, défatigant ceux qui sont occupez aux grandes affaires, il est mesme utile aux monarques. Puis qu'il est utile, la comédie la doit estre ; si la comédie est utile, les comédiens le sont ; si les comédiens sont utiles,

les autheurs le sont encor davantage; si les autheurs le sont, Moliere a dû l'estre beaucoup, et, s'il l'a esté, nous devons pleurer sa perte. Pleurons-la donc; mais, pendant que nous la pleurerons, écoutons ces violons qui la pleurent aussi. (*Les violons jouent languissamment.*)

C'est assez, Messieurs, c'est assez; la manière de joüer de cet inimitable acteur me réveille, et, puis qu'elle fait le sujet de mon troisieme point, il faut que j'en parle sans attendre davantage. Les anciens n'ont jamais eu d'acteur égal à celuy dont nous pleurons aujourd'huy la perte; et Roscius, ce fameux comédien de l'antiquité, luy auroit cedé le premier rang s'il avoit vécu de son temps. C'est avec justice, Messieurs, qu'il le méritoit : il estoit tout comédien depuis les pieds jusques à la teste; il sembloit qu'il eust plusieurs voix, tout parloit en luy, et d'un pas, d'un soûrire, d'un clin d'œil et d'un remüement de teste il faisoit plus concevoir de choses que le plus grand parleur n'auroit pû dire en une heure. Ah ! qu'un si grand comédien méritoit bien d'avoir pour représenter ses ouvrages le théâtre de Marcus Scaurus ! Ce théâtre avoit sur sa hauteur trois cens soixante colomnes en trois rangs, les unes sur les autres, où les trois ordres estoient exactement observez. Le premier rang estoit de marbre, le second de verre, et le troisieme estoit tout brillant d'or ; les plus basses colomnes avoient trente huit pieds de hauteur, et il y avoit entre ces colomnes trois mille statuës d'airain. N'est-ce pas avec raison que les beaux ouvrages de Moliere méritoient un aussi beau théâtre pour estre représentez, et n'est-ce pas avec justice que... Car voyez-vous, Messieurs, si... la raison... vous sçavez que lors que... Viens au secours de ma mémoire, incomparable acteur, et, puis que tu n'en as jamais manqué, donne-moy un peu de la tienne, aussi bien n'en as-tu plus que faire ; inspire-moy donc... Ah! Messieurs, les voilà, les œuvres de ce grand homme ; elles parleront mieux pour luy que je ne pourrois faire. Voilà tous les enfans dont il est le père ; ils sont cheris, ces enfans, de tous les princes du monde. Ah! belles œuvres, que vous estes estimées par tout ! Et pour vous faire voir, Messieurs, que je dis vray, les voilà en françois, en italien, en espagnol, en allemand, et, par l'ordre du grand vizir, l'on travaille à les traduire en turc. Ah! pleurons la perte d'un si grand homme, nous ne le pouvons trop regretter ; mais réjoüissons-nous plustost de ce qu'il estoit né chez nous, et de ce qu'il vivra au temple de Mémoire. Pleurons de l'avoir perdu si jeune ; mais, plutost que de perdre le temps à pleurer, passons à nostre dernier point, que je traitteray en peu de paroles. Il me sera facile, puis que j'y dois faire voir que nostre illustre acteur excelloit dans l'art de bien faire joüer la comédie. Est-il quelqu'un qui n'en demeure pas d'accord après avoir veu de quelle maniere il faisoit joüer jusques aux enfans? On voit par là que ce n'est pas sans raison qu'il disoit qu'il feroit joüer jusques à des fagots. Des fagots acteurs! des fagots! Oüy, Messieurs, des fagots; et il en est à la comédie, qui auroient besoin de luy pour les rendre plus utiles qu'ils ne sont. Ces véritez estant incontestables, voilà mon quatrième point fini; mais je ne suis pas pour cela au bout de ma carriere : il faut des récapitulations d'une partie de ce que j'ay dit, il faut tirer de la morale, il faut toucher les cœurs, il faut faire verser des larmes. Mais qui pourroit s'empescher d'en répandre après la perte d'un si grand homme? Avec son esprit, il auroit pû tromper la Mort, si elle ne l'avoit point pris en traistre. Que dis-je, en traistre? On ne sçait si la Mort l'a trompé, ou s'il a trompé la Mort; mais, soit qu'il l'ait trompée ou qu'elle l'ait surpris, il ne vit plus, ce grand homme! Ah! tristes comédiens, ou du moins qui devez l'estre, que tous vos théatres soient desormais aussi noirs que ma robe! N'y paroissez qu'avec des habits de deüil! que tous vos auditeurs le prennent, et que chacun continuë d'écrire à sa gloire, comme on a commencé! En voilà des preuves de toutes manieres : voilà des épitaphes, voilà des sonnets, voilà des élégies (*il montre quatre grosses liaces de papiers*), et voilà des éloges en prose. Auroit-on tant écrit si le défunt n'avoit eu du mérite? Oüy, Messieurs, il en avoit, et ses ennemis mesmes en sont toûjours demeurez d'accord. Il faut finir,

Messieurs. Mais que vois-je? Tant d'écussons aux armes du défunt réveillent ma douleur. Vous les voyez, Messieurs, ces armes parlantes, qui font connoistre ce que nostre illustre autheur sçavoit faire. Ces miroirs montrent qu'il voyoit tout; ces singes, qu'il contrefaisoit bien tout ce qu'il voyoit; et ces masques, qu'il a bien démasqué des gens, ou plutost des vices qui se cachoient sous de faux masques. Ce grand peintre moral est présentement avec les dieux, qu'il est allé faire rire de leurs propres défauts. Momus a d'abord esté le recevoir, et vous allez voir ce qui s'est passé à leur entrevuë. Paroissez, Momus ; paroissez, Moliere, et satisfaites la curiosité de l'assemblée.

(*Deux marionettes paroissent aux deux coins de la chaise.*)

MOMUS.

Que nous sommes obligez à la Mort de nous avoir envoyé l'illustre Moliere, dont le nom fait tant de bruit par tout le monde !

MOLIERE.

Vous voyez, cher Momus, je viens voir les dieux, et j'ay voulu joüer la Mort afin qu'elle me prît, croyant se vanger, et je l'ay trompée par ce stratageme.

MOMUS.

Vous ne me dites pas tout : vous vous entendez avec la Mort, et vous venez voir les défauts des dieux pour en aller divertir les mortels.

MOLIERE.

Non, Momus, je ne puis plus retourner au monde.

MOMUS.

J'en suis fâché, car les dieux ne m'estimeront plus, et vous les divertirez mieux que moy.

MOLIERE.

J'espere les bien divertir.

MOMUS.

Il faut du temps pour les bien connoistre.

MOLIERE.

Pas tant que vous pensez.

MOMUS.

C'est assez, vous pouriez vous échauffer. Loin de vous quereller, allez songer à nous unir pour bien divertir les dieux.

Ce dialogue vous a fait croire un moment que Moliere n'estoit pas mort ; mais il faut r'ouvrir vos playes, et vous le faire voir sans parole et sans vie : il faut vous faire voir son tombeau. Hastez-vous. Est-il achevé ? Estes-vous prests ? Faites-nous voir ce qui doit renouveler nos douleurs.

(*On tire un rideau de deüil, et le mausolée paroist.*)

Ah ! que voy-je ? Je ne puis sans mourir regarder cet illustre défunt. (*Il s'enfonce dans la chaise.*) Fuyons ces objets funebres ! (*Il se relève.*) Il faut pourtant avoir un peu de fermeté et regarder ce tombeau... Tombeau qui renfermez les ris et les jeux, tombeau qui renfermez la joye, tombeau... tombeau... tombeau... C'est un tombeau, Messieurs, et vous le voyez bien. Tous les poétes de l'antiquité remplissent ces niches, et les plus comiques soutiennent... Ah ! Messieurs, je ne puis achever ; quand je voy que les yeux de cet illustre autheur sont fermez pour jamais, je ne puis retenir mes larmes. Démocrite n'avoit jamais pleuré, et vous voyez ce philosophe le mouchoir à la main. Éphestion mourut de rire, et cependant vous le voyez aujourd'huy fondre en larmes aupres du tombeau de cet illustre défunt. Ah! remplissons toutes ces urnes avec l'eau de nos pleurs. Il nous en a fait répandre de joye, versons-en de douleur auprès de son tombeau; honorons-le de toutes manieres. Riches, faites faire des statuës à sa gloire; beaux esprits, apportez des ouvrages qui ne chantent que ses loüanges; et vous, peuples, donnez-luy des larmes si vous ne les pouvez accompagner d'autre chose. Il est mort, ce grand homme, mais il est mort trop tost pour luy, trop tost pour les siens, trop tost pour ses camarades, trop tost pour les grands divertissemens de son prince, trop tost pour les libraires, musiciens, danceurs et peintres, et trop tost enfin pour toute la terre. Il est mort, et nous vivons; cependant il vivra apres nous, il vivra toûjours, et nous mourrons : c'est le destin des grands hommes.

Cette oraison funèbre fut à peine achevée, que chacun se leva et donna mille loüanges à Cléante, qui tourna luy-mesme en plaisanterie ce qu'il venoit de faire.

Comme il estoit déjà tard, chacun se retira bientost apres.

ÉPITAPHES, ÉPIGRAMMES

ET AUTRES PETITES PIÈCES DE VERS
COMPOSÉES PAR DIVERS AUTEURS CONTEMPORAINS

SUR LA MORT DE MOLIÈRE

RECUEIL DES EPITAPHES

LES PLUS CURIEUSES

FAITES SUR LA MORT SURPRENANTE DU FAMEUX COMEDIEN

LE SIEUR MOLIERE[1]

---

*PREMIERE EPITAPHE[2]

Sous ce tombeau gisent Plaute et Térence,
Et cependant le seul Moliere y gît :

---

1. Les vingt épitaphes qui composent ce recueil sont extraites de l'ouvrage intitulé : *Voyage de Messieurs de Bachaumont et de la Chapelle,* avec un mélange de pieces fugitives tirées du cabinet de M. de Saint-Evremont (Utrecht, François Galma, 1697, in-12, p. 232 et suiv.). Nous avons laissé de côté les *Stances sur la Mort de Molière,* et *les Médecins vengés,* poëme satirique, qui trouveront leur place ailleurs. Un astérisque indique les épitaphes qui avaient déjà paru, avec des variantes, dans le *Mercure galant* de 1673.

2. Cette belle épitaphe est de J. de La Fontaine. On la trouve dans ses œuvres.

Leurs trois talens ne formoient qu'un esprit,
Dont le bel art réjouissoit la France.
Ils sont partis, et j'ay peu d'espérance
De les revoir, malgré tous nos efforts.
Pour un long temps, selon toute apparence,
Térence, et Plaute, et Moliere, sont morts.

*II

Cy gît qui parut sur la scene
Le singe de la vie humaine,
Qui n'aura jamais son égal.
Mais, voulant de la mort ainsi que de la vie
Être l'imitateur dans une comédie,
Pour trop bien réussir, il réussit fort mal :
Car la Mort, en étant ravie,
Trouva si belle sa copie
Qu'elle en fit un original.

III

Ci gît, parmy les trépassés,
Qui jouoit un chacun, d'une impudence extrême ;
Mais ce docteur bouffon n'en sçavoit pas assez
Pour empêcher la Mort de le joüer luy-même.

*IV

Cy gît, dans cette froide biere,
Le fameux comique Moliere,

Et je ne sçay pas s'il y dort :
Car luy, qui sceut tout contrefaire,
Il ne fit jamais mieux le mort.

V

Moliere est dans la fosse noire.
On dit qu'il est mort tout de bon.
Pour moy, je ne le sçaurois croire :
L'acte est trop sérieux pour être d'un bouffon.

VI

Cy gît Moliere ! C'est dommage !
Il faisoit bien son personnage ;
Il excelloit surtout à faire le cocu :
En luy seul, à la Comédie,
Tout à la fois nous avons vu
L'original et la copie.

*VII

Cy gît un qu'on dit être mort.
Je ne sçay s'il l'est, ou s'il dort ;
Sa maladie imaginaire
Ne peut pas l'avoir fait mourir :
C'est un tour qu'il joue à plaisir,
Car il aimoit à contrefaire.

Quoy qu'il en soit, cy gît Moliere.
Comme il étoit grand comédien,
Pour un mort imaginaire,
S'il le fait, il le fait bien.

*VIII

« Quoy! c'est donc le pauvre Moliere
Qu'on porte dans le cimetiere? »
S'écrièrent quelques voisins.
« Non, dit certain apoticaire :
C'est le Malade imaginaire
Qui veut railler les médecins. »

IX

(C'est Moliere qu'on fait parler.)

J'ay de tous les états découvert le mystere,
Des rois et des dévots, du marquis, du vulgaire.
Jouant le médecin, je me suis échoué;
Je meurs sans médecin, sans prêtre et sans notaire.
J'ay joüé la Mort même, et la Mort m'a joüé.

X

Il est passé, ce Moliere,
Du théâtre dans la biere!

Le pauvre homme a fait faux bon,
Et ce renommé bouffon
N'a jamais sçû si bien faire
Le malade imaginaire
Qu'il fait le mort tout de bon.

XI

Ouy, sept villes, pour Homere,
Eurent jadis des débats:
Chacune, s'en disant mere,
Le vouloit avoir; mais, las!
A l'égard du grand Moliere,
Dont Paris fit tant de cas,
Le sort se trouve contraire;
La différence est entiere,
Même chose ce n'est pas :
A-t-il fermé la paupiere,
Dans sa mort imaginaire,
Son corps, apres son trépas,
Ne trouve aucun cimetiere.

XII

Cy gît cet héroïque auteur
Qui fit d'un sage un imposteur,
Et des sçavans en médecine
Des bourreaux et gens sans doctrine.

Il n'eut jamais une autre loy
Que celle qui détruit la foy.
Il se servit de la coquille
Et de la mère et de la fille,
Et ne trouva, dedans sa fin,
Ni Dieu, ni loy, ni médecin.

*XIII

Cy gît le Térence françois,
Qui mérita pendant sa vie
De divertir, malgré l'envie,
Le plus sage de tous les rois.
Il a poussé l'esprit comique
Jusques au dernier de ses jours.
La mort en arrêtant le cours,
Il a finy par le tragique.

*XIV

Si dans son art c'est être un ouvrier parfait
Que sçavoir trait pour trait
Imiter la nature,
Moliere doit passer pour tel :
Michel-Ange, Le Brun et toute la peinture
Comme luy n'ont sceu faire un mort au naturel.

XV

Fâcheux, bigots, cocus, médecins, avocats,
Ignorans et sçavans, nobles, bourgeois, prélats,
J'ay tout joüé ; la Mort même a craint ma satire.
J'ay fait, pour la berner, un généreux effort.
Elle m'en a puny, mais enfin je puis dire
Avoir joüé jusqu'à la Mort.

XVI[1]

Ornement du théâtre, incomparable acteur,
Charmant poëte, illustre auteur,
C'est toy dont les plaisanteries
Ont guéri des marquis l'esprit extravagant ;
C'est toy qui par tes mommeries
As réprimé l'orgueil du bourgeois arrogant ;
Ta muse, en jouant l'hypocrite,
A redressé les faux dévots ;
La précieuse à tes bons mots
A reconnu son faux mérite ;
L'homme ennemy du genre humain,
Le campagnard qui tout admire,
N'ont pas lu tes écrits en vain :
Tous deux s'y sont instruits en ne pensant qu'à rire.
Enfin tu réformas et la Ville et la Cour.

1. Par le P. Bouhours, jésuite.

Mais quelle en fut la récompense?
Les François rougiront un jour
De leur peu de reconnoissance.
Il leur fallut un comédien
Qui mît à les polir son art et son étude.
Mais, Moliere, à ta gloire il ne manqueroit rien
Si parmi leurs défauts, que tu peignis si bien,
Tu les avois repris de leur ingratitude.

XVII

Moliere n'est pas mort : c'est une erreur de suivre
La foy que par ce bruit on veut partout semer.
S'il a rendu l'esprit qu'on a vu l'animer,
Deux mille autres le font revivre.

XVIII

Cy gît l'illustre auteur d'une juste satire,
Du siecle corrompu le fléau terrassant,
Dont le trépas, quoique récent,
Donne à beaucoup de gens l'audace de médire.
On ne voit toutefois que le cagot sourire,
Ou le médecin innocent,
A ce qu'un marquis sot en dit en grimassant,
Parce qu'il a voulu tous trois les interdire.
Montre-toy plus sage, passant,
Et, si ton cœur reconnoissant

Se plut à sa façon d'écrire,
Adresse en sa faveur des vœux au Tout-Puissant,
Et donne quelques pleurs à qui te fit tant rire.

XIX

(C'est Moliere qui parle.)

La Parque m'a surpris, personne ne l'ignore.
Son coup fut aussi prompt que le feu des éclairs;
Mais mon renom, fameux dans le bas univers,
Malgré ce choc mortel m'y fera vivre encore.
Les fleurs que dans ses champs Hélicon voit éclore
Reçurent de mes soins mille ornemens divers.
On ne peut rien trouver de si beau que mes vers,
Et de son propre encens Apollon les honore;
Le plus grand roy du monde en vanta les attraits;
Hippocrate gémit sous l'effort de leurs traits,
Et le Vice avec eux se vit toujours en guerre.
Un faux zele pourtant à la fin m'entreprit;
Mais, pendant qu'à mon corps on refusoit la terre,
Le Ciel s'ouvrit sans peine à mon divin esprit.

XX

Cy gît qui sçavoit l'art de rire
Aux dépens de tout l'univers,
Et d'assaisonner ses bons vers
Du sel piquant de la satire.

D'un style agréable et bouffon,
Qui ne fut jamais trouvé fade,
Il a joué sain et malade,
Homme, femme, jeune et barbon ;
Le cocu, le jaloux, le plaisant, le critique,
Le gentilhomme et le bourgeois,
Le marquis et le villageois,
Ont été le sujet de sa verve comique.
Heureux s'il n'avoit pas enfin
Attaqué l'hypocrite avec le médecin !
Ces derniers, lui gardant une haine intestine,
L'ont laissé sans secours descendre au monument :
Le médecin sans médecine,
Et le bigot sans sacrement.

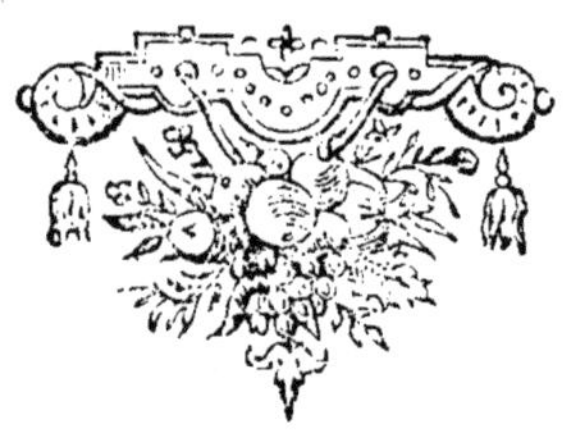

AUTRE RECUEIL

D'ÉPIGRAMMES ET D'ÉPITAPHES

SUR LA MORT DE MOLIERE

I[1]

(Moliere parle.)

Passant, qui que tu sois, arrete!
Fais pour moy ce dernier effort,
Et, si te divertir d'un mort
Te paroît chose assez honnete,
Viens à ma très-humble requête
Rire, en chemin, de mon folâtre sort.
Pendant que j'ay vécu, j'ay fait la guerre aux vices;

1. Les deux premières pièces de ce recueil sont empruntées à l'ouvrage qui nous a fourni les vingt précédentes. (Voyez pages 154 et suiv.)

Personne n'échappoit à mes heureux caprices :
J'ay fait voir des bigots le dehors imposteur,
Raillé des médecins l'art funeste et menteur;
J'ay berné les cocus, et, puisqu'il faut tout dire,
Même exposé la Mort aux traits de ma satyre.
Mais, hélas! par malheur pour moy,
La Mort n'entend point raillerie,
Et je connois à sa furie
Qu'il ne faut jamais rire avec plus fin que soy.
Elle a voulu punir ma bouche téméraire
Par un funeste évènement,
Et, lorsque je souffrois un mal imaginaire,
Je suis mort effectivement.
Adieu, va-t'en, je t'en convie,
Et verse quelques pleurs en faveur de mon sort;
Mais on a, par malheur, tant ry pendant ma vie,
Que je ne m'attends pas qu'on pleure après ma mort.

II

SONNET IRRÉGULIER

(C'est un médecin qui parle.)

Moliere est mort... Quelle étrange nouvelle!
Comment sans en frémir apprendre ce revers?
Il est mort, ouy, sans doute, et la Parque cruelle,
De ce monstre, sans nous, a purgé l'univers.

Que votre injustice est étrange,
Destin! Ignoriez-vous quel est notre pouvoir,
Et ne deviez-vous pas sçavoir
Le plaisir que l'on goûte alors que l'on se vange?

Quoy donc! sera-t-il dit qu'avec impunité
L'ennemy de la Faculté
Porte parmy les morts le fruit de sa victoire?

Si nous avions encor ce chagrin à souffrir,
Que ne nous laissoit-on au moins, pour notre gloire,
La consolation de le faire mourir?

*III[1]

Celuy qui gît dans ce tombeau,
Passant, c'est le fameux Moliere,
De qui l'esprit estoit si beau
Que rien ne faisoit peine à sa vive lumiere.

IV

Moliere à chacun a fait voir
L'inutilité du sçavoir
De ceux qui font la médecine,
Et, pour accomplir son dessein

1. Cette épitaphe et la suivante ne se trouvent que dans le *Mercure galant* de 1673. (Voyez ci-dessus, pages 21 et 22.)

Et nous mieux prouver sa doctrine,
Il meurt dès qu'il est médecin.

Regrette son trépas si tu chéris les vers,
Car il charmoit les gens sur tous sujets divers;
Mais la cruelle Parque, en nous faisant injure,
S'accordant avecque la Mort,
L'a laissé dans la sepulture
Où cet acteur faisoit le mort.

V

SUR LA MORT DE MOLIERE[1]

Ci gist ce merveilleux génie
Qui fit et récita tant de vers dans sa vie.
Passant, s'il te semble nouveau
De ne point voir jetter avec cérémonie
D'eau benitte sur son tombeau,
C'est de peur de chasser de son âme bannie
Le démon de la poësie,
Dont elle fut dès le berceau
Amoureuse et saisie.

---

1. Les pièces suivantes, jusqu'au nº XIII inclusivement, sont tirées des manuscrits de Trallage, qui n'existent plus que par fragments à la bibliothèque de l'Arsenal.

VI

Moliere dans son art se rendit si parfait
Qu'un jour, faisant le mort, il mourut en effet.
Une si belle mort, le couronnant de gloire,
Fait revivre son nom au temple de Mémoire.

VII

A MESSIEURS DE LA FACULTÉ DE MÉDECINE

Doctes médecins outragés
Par le satyrique Moliere,
La Mort, qui l'a mis dans la biere,
Ne vous a-t-elle pas vengés ?

VIII

AUX ATHÉES ET IMPIES DU SIECLE

Apprends, athée, apprends, impie,
A mieux parler de Dieu, de l'homme et de son sort,
De crainte qu'imitant Moliere dans sa vie,
Tu ne l'imites dans sa mort.

IX

SUR LA FIN DÉPLORABLE DE MOLIERE

O sagesse de Dieu profonde,
Le bras de ta justice à jamais soit loué!
Moliere, qui joua la Mort et tout le monde,
Par le monde et la Mort à son tour est joué.

X

A quoi te servit, ô Moliere!
Ce que la morale t'apprit,
Si tu méprisas la lumiere
Qui sauve le corps et l'esprit?

XI

LES DEUX ILLUSTRES MORTS EN MÊME JOUR

ÉPIGRAMME

Deux hommes sont morts aujourd'hui :
Le pieux Lallemant et Moliere l'impie.
L'heureuse mort de l'un répondit à sa vie;
Mais la fin du second fait tout craindre pour lui.

XII

ÉPITAPHE DE MOLIERE

Ci gît le singe de la vie,
Ci gît le singe de la mort.
Moliere, dans sa comédie,
Ayant au naturel représenté la mort,
Et par ce dernier acte ayant fini son sort,
Il passera, malgré l'envie,
Pour original sans copie.

XIII

SUR LA COMÉDIE DU MALADE IMAGINAIRE

(La Mort parle à Moliere.)

Le crédit de la Faculté,
Mieux que Mars par sa cruauté,
Avance partout ma victoire,
Et ce ferme appui de ma gloire
Par l'audace d'un insensé
Aujourd'hui sera renversé !

Ton erreur te déçoit, mortel trop téméraire :
On guérit promptement d'un mal imaginaire ;
D'un comique trépas le triomphe est aisé.

Bientôt j'aurai mon tour; bientôt désabusé,
Tu verras t'approcher de ton heure suprême.
Médecin, si tu peux, guéris-toi donc toi-même!

Je n'ai pas, disois-tu, le pouvoir de guérir?
J'ai, comme médecin, l'art de faire mourir.
En effet, de ta main, ton avarice extrême,
Jouant le médecin, a creusé ton tombeau.
S'il est du patient l'infaillible bourreau,
Devois-tu devenir médecin de toi-même?

XIV[1]

Cy gist un illustre bouffon,
Qui a sçu si bien contrefaire
Le malade imaginaire
Qu'il a fait le mort tout de bon.

XV

SUR LA SÉPULTURE DE JEAN-BAPTISTE POCLIN,
DIT MOLIERE, COMÉDIEN,
AU CIMETIERE DES MORTS-NÉS, A PARIS[2]

SONNET

De deux comédiens la fin est bien diverse :
Genest, en se raillant du baptême chrestien,

1. Extrait d'un manuscrit de la bibliothèque de Bordeaux coté 696A.
2. *L'Apollon, ou l'Abrégé des regles de Poësie françoise,*

Fut, mourant, honoré de ce souverain bien,
Et souffrit pour Jésus une mort non perverse.

Jean-Baptiste Poclin son baptême renverse,
Et, tout chrestien qu'il est, il devient un payen.
Ce céleste bonheur enfin n'estoit pas sien,
Puisqu'il en fit, vivant, un infame commerce.

Satirisant chacun cet infame a vécu,
Véritable ennemi de sagesse et vertu :
Sur un théatre il fut surpris par la mort mesme.

O le lugubre sort d'un homme abandonné!
Moliere, baptisé, perd l'effet du baptême,
Et dans la sépulture il devient un mort-né.

XV

ÉPITAPHE DE MOLIERE[1]

Ci gît un homme sans égal
Pour la farce et la comédie,

---

par L. I. L. B. G. N. (Rouen, Julien Courant, 1674, in-12). L'auteur de cet ouvrage et du sonnet qu'on y trouve est un auteur de tragédies et de comédies nommé Les Isles Le Bas, gentilhomme normand. On sait que Moliere fut enterré dans le cimetière de Saint-Joseph, où l'on inhumait les enfants mort-nés et non baptisés.

1. Cette pièce se trouve aussi dans *l'Apollon françois* de Les Isles Le Bas, dont nous avons extrait le sonnet précédent.

Qui, pensant faire une copie,
A produit un original :
Car, voulant feindre le *malade*,
On l'a vu malade en effet,
Et, me dépeignant par bravade,
Il m'a tellement contrefait
Qu'en jouant son *imaginaire*
Je vous défierois de mieux faire.

Sacquespée, *peintre.*

XVI

MADRIGAL[1]

Quand Moliere, employant de l'art les plus beaux traits,
Nous peignit des humains les differens portraits,
Nous dûmes nos plaisirs à son rare génie;
Mais il ne doit qu'à lui cet honneur sans égal
D'avoir été l'original
Dont la France jamais ne verra la copie.

---

1. Ce madrigal, composé par le comédien Marcel, contemporain de Molière, est imprimé à la page 549 du tome IV des *Œuvres de M. de Molière*, édition d'Amsterdam, 1725, 4 vol. in-12.

POÉSIES LATINES

I

PIIS MANIBUS JOANNIS-BAPTISTÆ POQUELINI MOLERII, COMICORUM SUÆ ÆTATIS FACILE PRINCIPIS[1]

Plaudebat, Moleri, tibi plenis aula theatris,
Nunc eadem mœrens post tua fata gemit.
Si risum nobis movisses parcius olim,
Parcius, heu! lachrymis tingeret ora dolor[1].

1. Cette épitaphe, composée par le savant Huet, évêque d'Avranches, a été traduite ainsi dans la Vie de Molière qui précède ses Œuvres dans l'édition de *Pierre Brunel*, *à Amsterdam*, en 1725 :

La Cour, qui t'honora d'un suffrage éclatant,
Molière, après ta mort, pleure, gémit, soupire :
Si tu nous avois fait moins rire,
Nous ne te pleurerions pas tant.

II[1]

PLACIDIS MANIBUS JOANNIS-BAPTISTÆ POQUELINI. MOLERII, NOSTRÆ ÆTATIS PLAUTI, SIMUL ROSCII

Heu facunde jaces facetiarum,
Moleri, arbiter, et pater jocorum;
Salsi dramatis artifex et actor,
Ausus qui proceres secare et urbem;
Plaudentes simul, et simul frementes,
Noras utilibus docere nugis,
Et ridens vitium vafer notabas,
Ipso sic melior Catone Censor.

III

PLACIDIS MANIBUS JOANNIS-BAPTISTÆ POQUELINI MOLERII, COMICORUM SUI SÆCULI POETARUM FACILE PRINCIPIS, EPITAPHIUM[2].

Hic situs est vitiorum hominum, dum viveret, hostis;
Illos cum scriptis, voce vel argueret;
Dicendo verum vi iis non ipse pepercit.
Huic Deus ut parcat, Lector amice, roga.

---

1. Cette épitaphe est du fameux historien Eudes Mézeray.

2. Cette épitaphe et sa traduction en vers français sont de Marcel, comédien et auteur dramatique, qui paraît avoir été le rédacteur de la préface historique imprimée

Traduction.

Ci gît cet ennemi des vices de son temps,
De qui la voix fit autant que la plume.
Il sut par l'une et l'autre, en délassant nos sens,
Des sévères leçons corriger l'amertume.
Homme, qui que tu sois, qui l'eus pour ton censeur,
N'épargnant pas tes mœurs ni ta personne,
Pour le payer des soins qui t'ont rendu meilleur,
Prie au moins que Dieu lui pardonne.

IV

EPITAPHIUM[1]

Roscius hic situs est tristi Molierus in urna,
Cui genus humanum ludere ludus erat.
Dum ludit mortem, mors indignata jocantem
Corripit et mimum fingere sæva negat.

---

en tête de l'édition des Œuvres de Molière que La Grange publia en 1682. — Nous les avons tirées de l'édition de *Pierre Brunel, à Amsterdam*, en 1725.

1. Marcel rapporte cette pièce, sans en nommer l'auteur, dans la Vie de Molière qui est en tête de l'édition des Œuvres publiée par La Grange en 1682 : « De tout ce qu'on fit courir sur cette mort, dit-il, rien ne fut plus approuvé que ces quatre vers latins, qu'on a trouvé à propos de conserver. » Ils sont peut-être de Jean Bernier, qui les cite dans son *Histoire de la Médecine*.

A PARIS

DES PRESSES DE D. JOUAUST

Imprimeur breveté

Rue Saint-Honoré, 338

M DCCC LXXIX

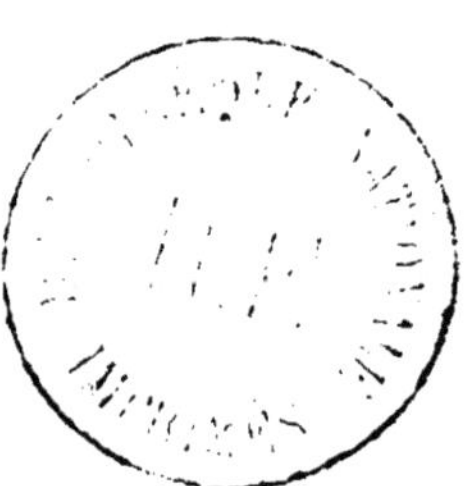

NOUVELLE COLLECTION MOLIÉRESQUE

Tirage à 300 exemplaires sur papier vergé, 15 sur papier de Chine et 15 sur papier Whatman.

Sous presse : *Mélisse*, tragi-comédie pastorale attribuée à Molière.

Nota. — *Demander le prospectus de la collection.*

DANS LE MÊME FORMAT

RÉIMPRESSION

DES

ÉDITIONS ORIGINALES

DE MOLIÈRE

Faite par les soins de Louis LACOUR et P. CHÉRON

L'Amour médecin (avec grav.). *Épuisé;* ne se vend pas seul.
Précieuses ridicules. 5 fr.
L'Estourdy . . . . . . 7 fr.
Sganarelle . . . . . 6 fr.
Dépit amoureux . . . 9 fr.
L'Escole des Femmes (avec gravure). . . . . . . 9 fr.
La Critique de l'Escole des Femmes . . . . 6 fr.
L'Escole des Maris (avec gravure). . . . . . . 7 fr.
Le Mariage forcé . . 5 fr.
Le Bourgeois gentilhomme. 10 fr.
Les Facheux . . . . . 6 fr.
Le Médecin malgré luy (avec gravure) . . . . . . 8 fr.
Le Misantrope (avec gravure) . . . . 8 fr.
Le Sicilien . . . . . . 5 fr.
Tartuffe . . . . 8 fr.
Monsieur de Pourceaugnac 8 fr.
Amphitryon . . . . . . 7 fr.
L'Avare . . . . 10 fr.
George Dandin. . . . 9 fr.
Les Fourberies de Scapin 7 fr.

6207. — Paris, imprimerie Jouaust, rue Saint-Honoré, 338.

www.ingramcontent.com/pod-product-compliance
Ingram Content Group UK Ltd.
Pitfield, Milton Keynes, MK11 3LW, UK
UKHW020949180726
13838UKWH00003B/1227

9 782329 339566